This Journal belongs to:

_____

As long as You live,

keep learning how to live.

Seneca

January 01

20 ___

20 ___

20 ___

20 ___

20 ___

January 02

20 ___

20 ___

20 ___

20 ___

20 ___

January 03

20 ___

---

20 ___

---

20 ___

---

20 ___

---

20 ___

January 04

20

20

20

20

20

January 05

20

20

20

20

20

January 06

20 _____ _____

20 _____ _____

20 _____ _____

20 _____ _____

20 _____ _____

January 07

20 ___

---

20 ___

---

20 ___

---

20 ___

---

20 ___

January 08

20 ___

20 ___

20 ___

20 ___

20 ___

January 09

20 ___

20 ___

20 ___

20 ___

20 ___

January 10

20____

———————

20____

———————

20____

———————

20____

———————

20____

January 11

20 _____

20 _____

20 _____

20 _____

20 _____

January 12

20

20

20

20

20

January 13

20 ___

20 ___

20 ___

20 ___

20 ___

January 14

20 ___

20 ___

20 ___

20 ___

20 ___

January 15

20

20

20

20

20

January 16

20 ___

20 ___

20 ___

20 ___

20 ___

January 17

20

20

20

20

20

January 18

20

20

20

20

20

January 19

20

20

20

20

20

January 20

20 ___

20 ___

20 ___

20 ___

20 ___

January 21

20

20

20

20

20

January 22

20 ___

20 ___

20 ___

20 ___

20 ___

January 23

20

20

20

20

20

January 24

20 ___

20 ___

20 ___

20 ___

20 ___

January 25

20

20

20

20

20

January 26

20 _____ _____

20 _____ _____

20 _____ _____

20 _____ _____

20 _____ _____

January 27

20

20

20

20

20

January 28

20 _____

20 _____

20 _____

20 _____

20 _____

January 29

20

20

20

20

20

January 30

20 _____ _____

20 _____ _____

20 _____ _____

20 _____ _____

20 _____ _____

January 31

20 ___

20 ___

20 ___

20 ___

20 ___

February 01

20 ___

20 ___

20 ___

20 ___

20 ___

February 02

20 ___

20 ___

20 ___

20 ___

20 ___

February 03

20 _____

20 _____

20 _____

20 _____

20 _____

February 04

20

20

20

20

20

February 05

20 ___

20 ___

20 ___

20 ___

20 ___

February 06

20

20

20

20

20

February 07

20___

20___

20___

20___

20___

February 08

20 _____

20 _____

20 _____

20 _____

20 _____

February 09

20 ___

20 ___

20 ___

20 ___

20 ___

February 10

20

20

20

20

20

February 11

20

20

20

20

20

February 12

20 _____

---

20 _____

---

20 _____

---

20 _____

---

20 _____

February 13

20

20

20

20

20

February 14

20 ___

20 ___

20 ___

20 ___

20 ___

February 15

20 ___ _____

20 ___ _____

20 ___ _____

20 ___ _____

20 ___ _____

February 16

20 _____

---

20 _____

---

20 _____

---

20 _____

---

20 _____

February 17

20 ___

20 ___

20 ___

20 ___

20 ___

February 18

20 ___

20 ___

20 ___

20 ___

20 ___

February 19

20

20

20

20

20

February 20

20 _____

20 _____

20 _____

20 _____

20 _____

February 21

20

20

20

20

20

February 22

20___

20___

20___

20___

20___

February 23

20 ___

20 ___

20 ___

20 ___

20 ___

February 24

20 ___

---

20 ___

---

20 ___

---

20 ___

---

20 ___

February 25

20 ___

20 ___

20 ___

20 ___

20 ___

February 26

20 ___

20 ___

20 ___

20 ___

20 ___

February 27

20

20

20

20

20

February 28

20 ___

20 ___

20 ___

20 ___

20 ___

February 29

20 _____

20 _____

20 _____

20 _____

20 _____

March 01

20 ___

20 ___

20 ___

20 ___

20 ___

March 02

20 _____

20 _____

20 _____

20 _____

20 _____

March 03

20

20

20

20

20

March 04

20

20

20

20

20

March 05

20 ___

20 ___

20 ___

20 ___

20 ___

March 06

20

20

20

20

20

March 07

20

20

20

20

20

March 08

20

20

20

20

20

March 09

20

20

20

20

20

March 10

20

20

20

20

20

March 11

20

20

20

20

20

March 12

20 ___

20 ___

20 ___

20 ___

20 ___

March 13

20

20

20

20

20

March 14

20

20

20

20

20

March 15

20 _____

20 _____

20 _____

20 _____

20 _____

March 16

20

20

20

20

20

March 17

20

20

20

20

20

March 18

20

20

20

20

20

March 19

20

20

20

20

20

March 20

20 ___ _____

20 ___ _____

20 ___ _____

20 ___ _____

20 ___ _____

March 21

20 ___

20 ___

20 ___

20 ___

20 ___

March 22

20

20

20

20

20

March 23

20 _____

20 _____

20 _____

20 _____

20 _____

March 24

20

20

20

20

20

March 25

20

20

20

20

20

March 26

20 _____

20 _____

20 _____

20 _____

20 _____

March 27

20

20

20

20

20

March 28

20

20

20

20

20

March 29

20

20

20

20

20

March 30

20 _____

20 _____

20 _____

20 _____

20 _____

March 31

20

20

20

20

20

April 01

20 ___

20 ___

20 ___

20 ___

20 ___

April 02

20

20

20

20

20

April 03

20 ___

20 ___

20 ___

20 ___

20 ___

April 04

20

20

20

20

20

April 05

20 _____

20 _____

20 _____

20 _____

20 _____

April 06

20 ___

20 ___

20 ___

20 ___

20 ___

April 07

20 ___

20 ___

20 ___

20 ___

20 ___

April 08

20

20

20

20

20

April 09

20

20

20

20

20

April 10

20

20

20

20

20

April 11

20

20

20

20

20

April 12

20 ___

20 ___

20 ___

20 ___

20 ___

April 13

20 _____

20 _____

20 _____

20 _____

20 _____

April 14

20 ___

20 ___

20 ___

20 ___

20 ___

April 15

20 ___

20 ___

20 ___

20 ___

20 ___

April 16

20___

20___

20___

20___

20___

April 17

20

20

20

20

20

April 18

20

20

20

20

20

April 19

20 _____

20 _____

20 _____

20 _____

20 _____

April 20

20 _____

20 _____

20 _____

20 _____

20 _____

April 21

20

20

20

20

20

April 22

20

20

20

20

20

April 23

20 ___

---

20 ___

---

20 ___

---

20 ___

---

20 ___

April 24

20

20

20

20

20

April 25

20

20

20

20

20

April 26

20___

20___

20___

20___

20___

April 27

20

20

20

20

20

April 28

20

20

20

20

20

April 29

20

20

20

20

20

April 30

20

20

20

20

20

May 01

20 ___ _____

20 ___ _____

20 ___ _____

20 ___ _____

20 ___ _____

May 02

20 ___

20 ___

20 ___

20 ___

20 ___

May 03

20

20

20

20

20

May 04

20 ___

20 ___

20 ___

20 ___

20 ___

May 05

20 ___

20 ___

20 ___

20 ___

20 ___

May 06

20

20

20

20

20

May 07

20 ___

20 ___

20 ___

20 ___

20 ___

May 08

20 _____

20 _____

20 _____

20 _____

20 _____

May 09

20

20

20

20

20

May 10

20

20

20

20

20

May 11

20

20

20

20

20

May 12

20

20

20

20

20

May 13

20

20

20

20

20

May 14

20 ___

20 ___

20 ___

20 ___

20 ___

May 15

20

20

20

20

20

May 16

20 ___

20 ___

20 ___

20 ___

20 ___

May 17

20 ___

20 ___

20 ___

20 ___

20 ___

May 18

20 _____

20 _____

20 _____

20 _____

20 _____

May 19

20 ___

20 ___

20 ___

20 ___

20 ___

May 20

20 ___ _____

20 ___ _____

20 ___ _____

20 ___ _____

20 ___ _____

May 21

20 ___ _____

20 ___ _____

20 ___ _____

20 ___ _____

20 ___ _____

May 22

20

20

20

20

20

May 23

20 _____

20 _____

20 _____

20 _____

20 _____

May 24

20

20

20

20

20

May 25

20 ___

20 ___

20 ___

20 ___

20 ___

May 26

20 ___

20 ___

20 ___

20 ___

20 ___

May 27

20

20

20

20

20

May 28

20 _____

20 _____

20 _____

20 _____

20 _____

May 29

20 ___

20 ___

20 ___

20 ___

20 ___

May 30

20 ___

20 ___

20 ___

20 ___

20 ___

May 31

20

20

20

20

20

June 01

20 ___

---

20 ___

---

20 ___

---

20 ___

---

20 ___

June 02

20 ___

20 ___

20 ___

20 ___

20 ___

June 03

20 ___

20 ___

20 ___

20 ___

20 ___

June 04

20 ___

20 ___

20 ___

20 ___

20 ___

June 05

20 _____

20 _____

20 _____

20 _____

20 _____

June 06

20 __

20 __

20 __

20 __

20 __

June 07

20 ___

20 ___

20 ___

20 ___

20 ___

June 08

20 ___

20 ___

20 ___

20 ___

20 ___

June 09

20

20

20

20

20

June 10

20 ___

20 ___

20 ___

20 ___

20 ___

June 11

20

20

20

20

20

June 12

20

20

20

20

20

June 13

20

20

20

20

20

June 14

20 ___ _____
_____
_____
_____
_____

20 ___ _____
_____
_____
_____
_____

20 ___ _____
_____
_____
_____
_____

20 ___ _____
_____
_____
_____
_____

20 ___ _____
_____
_____
_____
_____

June 15

20 ___

20 ___

20 ___

20 ___

20 ___

June 16

20 ___

20 ___

20 ___

20 ___

20 ___

June 17

20 _____

20 _____

20 _____

20 _____

20 _____

June 18

20 ___

20 ___

20 ___

20 ___

20 ___

June 19

20 ___

---

20 ___

---

20 ___

---

20 ___

---

20 ___

June 20

20 ___

20 ___

20 ___

20 ___

20 ___

June 21

20 ___

20 ___

20 ___

20 ___

20 ___

June 22

20 ___

20 ___

20 ___

20 ___

20 ___

June 23

20 ___

20 ___

20 ___

20 ___

20 ___

June 24

20 ___

20 ___

20 ___

20 ___

20 ___

June 25

20

20

20

20

20

June 26

20

20

20

20

20

June 27

20 _____

20 _____

20 _____

20 _____

20 _____

June 28

20

20

20

20

20

June 29

20

20

20

20

20

June 30

20 ___

20 ___

20 ___

20 ___

20 ___

July 01

20

20

20

20

20

July 02

20

20

20

20

20

July 03

20 ___

20 ___

20 ___

20 ___

20 ___

July 04

20 ___

20 ___

20 ___

20 ___

20 ___

July 05

20 ___

20 ___

20 ___

20 ___

20 ___

July 06

20 ___ _____
_____
_____
_____
_____

20 ___ _____
_____
_____
_____
_____

20 ___ _____
_____
_____
_____
_____

20 ___ _____
_____
_____
_____
_____

20 ___ _____
_____
_____
_____
_____

July 07

20

20

20

20

20

July 08

20 ___

20 ___

20 ___

20 ___

20 ___

July 09

20

20

20

20

20

July 10

20

July 11

20

20

20

20

20

July 12

20 ___

20 ___

20 ___

20 ___

20 ___

July 13

20

20

20

20

20

July 14

20 ___

20 ___

20 ___

20 ___

20 ___

July 15

20 ___

---

20 ___

---

20 ___

---

20 ___

---

20 ___

July 16

20 ___

20 ___

20 ___

20 ___

20 ___

July 17

20 ___

20 ___

20 ___

20 ___

20 ___

July 18

20

20

20

20

20

July 19

20 ___

20 ___

20 ___

20 ___

20 ___

July 20

20 ___

20 ___

20 ___

20 ___

20 ___

July 21

20

20

20

20

20

July 22

20 ___

20 ___

20 ___

20 ___

20 ___

July 23

20 ___

20 ___

20 ___

20 ___

20 ___

July 24

20 _____ _____

20 _____ _____

20 _____ _____

20 _____ _____

20 _____ _____

July 25

20 ___

20 ___

20 ___

20 ___

20 ___

July 26

20

20

20

20

20

July 27

20

20

20

20

20

July 28

20 ___

20 ___

20 ___

20 ___

20 ___

July 29

20

20

20

20

20

July 30

20

20

20

20

20

July 31

20 ___

20 ___

20 ___

20 ___

20 ___

August 01

20 _____

---

20 _____

---

20 _____

---

20 _____

---

20 _____

August 02

20

20

20

20

20

August 03

20

20

20

20

20

August 04

20 ___

20 ___

20 ___

20 ___

20 ___

August 05

20 ___ _____

20 ___ _____

20 ___ _____

20 ___ _____

20 ___ _____

August 06

20 ___

20 ___

20 ___

20 ___

20 ___

August 07

20 ___

20 ___

20 ___

20 ___

20 ___

August 08

20 ___

___

20 ___

___

20 ___

___

20 ___

___

20 ___

August 09

20

20

20

20

20

August 10

20

20

20

20

20

August 11

20 ___

20 ___

20 ___

20 ___

20 ___

August 12

20 ___

20 ___

20 ___

20 ___

20 ___

August 13

20 ___

20 ___

20 ___

20 ___

20 ___

August 14

20

20

20

20

20

August 15

20 ___ _____

20 ___ _____

20 ___ _____

20 ___ _____

20 ___ _____

August 16

20 ___

20 ___

20 ___

20 ___

20 ___

August 17

20

20

20

20

20

August 18

20 ___

20 ___

20 ___

20 ___

20 ___

August 19

20 _____

20 _____

20 _____

20 _____

20 _____

August 20

20 ___

20 ___

20 ___

20 ___

20 ___

August 21

20___

20___

20___

20___

20___

August 22

20 ___

20 ___

20 ___

20 ___

20 ___

August 23

20

20

20

20

20

August 24

20 ___

20 ___

20 ___

20 ___

20 ___

August 25

20

20

20

20

20

August 26

20 ___

20 ___

20 ___

20 ___

20 ___

August 27

20

20

20

20

20

August 28

20 ___

20 ___

20 ___

20 ___

20 ___

August 29

20

20

20

20

20

August 30

20

20

20

20

20

August 31

20 ___

20 ___

20 ___

20 ___

20 ___

September 01

20 _____

20 _____

20 _____

20 _____

20 _____

September 02

20 ___

20 ___

20 ___

20 ___

20 ___

September 03

20

20

20

20

20

September 04

20

20

20

20

20

September 05

20 ___

20 ___

20 ___

20 ___

20 ___

September 06

20

20

20

20

20

September 07

20 ___

20 ___

20 ___

20 ___

20 ___

September 08

20 ___

20 ___

20 ___

20 ___

20 ___

September 09

20

20

20

20

20

September 10

20 ___

20 ___

20 ___

20 ___

20 ___

September 11

20 _____

---

20 _____

---

20 _____

---

20 _____

---

20 _____

September 12

20 ___

20 ___

20 ___

20 ___

20 ___

September 13

20

20

20

20

20

September 14

20 ___

20 ___

20 ___

20 ___

20 ___

September 15

20 ___

20 ___

20 ___

20 ___

20 ___

September 16

20

20

20

20

20

September 17

20

20

20

20

20

September 18

20 ___

20 ___

20 ___

20 ___

20 ___

September 19

20 ___

20 ___

20 ___

20 ___

20 ___

September 20

20 ___

20 ___

20 ___

20 ___

20 ___

September 21

20 _____

20 _____

20 _____

20 _____

20 _____

September 22

20 ___

20 ___

20 ___

20 ___

20 ___

September 23

20 _____

20 _____

20 _____

20 _____

20 _____

September 24

20

20

20

20

20

September 25

20

20

20

20

20

September 26

20

20

20

20

20

September 27

20 ___

20 ___

20 ___

20 ___

20 ___

September 28

20 ___

20 ___

20 ___

20 ___

20 ___

September 29

20 ___

20 ___

20 ___

20 ___

20 ___

September 30

20

20

20

20

20

October 01

20 ___

20 ___

20 ___

20 ___

20 ___

October 02

20 __

20 __

20 __

20 __

20 __

October 03

20

20

20

20

20

October 04

20

20

20

20

20

October 05

20 ___

20 ___

20 ___

20 ___

20 ___

October 06

20

20

20

20

20

October 07

20

20

20

20

20

October 08

20 ___

20 ___

20 ___

20 ___

20 ___

October 09

20 ___

20 ___

20 ___

20 ___

20 ___

October 10

20

20

20

20

20

October 11

20 ___

20 ___

20 ___

20 ___

20 ___

October 12

20

20

20

20

20

October 13

20

20

20

20

20

October 14

20 _____ _____

20 _____ _____

20 _____ _____

20 _____ _____

20 _____ _____

October 15

20

20

20

20

20

October 16

20 ___

20 ___

20 ___

20 ___

20 ___

October 17

20 ___

20 ___

20 ___

20 ___

20 ___

October 18

20 ___

20 ___

20 ___

20 ___

20 ___

October 19

20

20

20

20

20

October 20

20 _____

20 _____

20 _____

20 _____

20 _____

October 21

20 ___

20 ___

20 ___

20 ___

20 ___

October 22

20 ___ ___

20 ___ ___

20 ___ ___

20 ___ ___

20 ___ ___

October 23

20 ___

20 ___

20 ___

20 ___

20 ___

October 24

20 ___

20 ___

20 ___

20 ___

20 ___

October 25

20 ___ _____

20 ___ _____

20 ___ _____

20 ___ _____

20 ___ _____

October 26

20

20

20

20

20

October 27

20 ___

20 ___

20 ___

20 ___

20 ___

October 28

20 ___

___

20 ___

___

20 ___

___

20 ___

___

20 ___

___

October 29

20

20

20

20

20

October 30

20 ___

20 ___

20 ___

20 ___

20 ___

October 31

20

20

20

20

20

November 01

20 _____ _____

20 _____ _____

20 _____ _____

20 _____ _____

20 _____ _____

November 02

20

20

20

20

20

November 03

20

20

20

20

20

November 04

20 ___

20 ___

20 ___

20 ___

20 ___

November 05

20

20

20

20

20

November 06

20 ___

20 ___

20 ___

20 ___

20 ___

November 07

20 ___

20 ___

20 ___

20 ___

20 ___

November 08

20 ___

20 ___

20 ___

20 ___

20 ___

November 09

20

20

20

20

20

November 10

20 ___

20 ___

20 ___

20 ___

20 ___

November 11

20

20

20

20

20

November 12

20

20

20

20

20

November 13

20

20

20

20

20

November 14

20 ___

20 ___

20 ___

20 ___

20 ___

November 15

20 _____

20 _____

20 _____

20 _____

20 _____

November 16

20 ___

20 ___

20 ___

20 ___

20 ___

November 17

20

20

20

20

20

November 18

20

20

20

20

20

November 19

20 ___

20 ___

20 ___

20 ___

20 ___

November 20

20 ___

20 ___

20 ___

20 ___

20 ___

November 21

20

20

20

20

20

November 22

20 ___

20 ___

20 ___

20 ___

20 ___

November 23

20

20

20

20

20

November 24

20 ___

20 ___

20 ___

20 ___

20 ___

November 25

20 ___

20 ___

20 ___

20 ___

20 ___

November 26

20 ___

20 ___

20 ___

20 ___

20 ___

November 27

20 ___

20 ___

20 ___

20 ___

20 ___

November 28

20 ___

20 ___

20 ___

20 ___

20 ___

November 29

20

20

20

20

20

November 30

20

20

20

20

20

December 01

20 ___

20 ___

20 ___

20 ___

20 ___

December 02

20 _____

20 _____

20 _____

20 _____

20 _____

December 03

20 ___

20 ___

20 ___

20 ___

20 ___

December 04

20 _____

20 _____

20 _____

20 _____

20 _____

December 05

20 ___

20 ___

20 ___

20 ___

20 ___

December 06

20___

20___

20___

20___

20___

December 07

20

20

20

20

20

December 08

20 ___

20 ___

20 ___

20 ___

20 ___

December 09

20

20

20

20

20

December 10

20

20

20

20

20

December 11

20

20

20

20

20

December 12

20 ___

20 ___

20 ___

20 ___

20 ___

December 13

20 ___

20 ___

20 ___

20 ___

20 ___

December 14

20

20

20

20

20

December 15

20 ___ _____

20 ___ _____

20 ___ _____

20 ___ _____

20 ___ _____

December 16

20

20

20

20

20

December 17

20 _____

20 _____

20 _____

20 _____

20 _____

December 18

20

20

20

20

20

December 19

20

20

20

20

20

December 20

20

20

20

20

20

December 21

20 ___

20 ___

20 ___

20 ___

20 ___

December 22

20

20

20

20

20

December 23

20 ___

20 ___

20 ___

20 ___

20 ___

December 24

20

20

20

20

20

December 25

20 ___

20 ___

20 ___

20 ___

20 ___

December 26

20 ___

20 ___

20 ___

20 ___

20 ___

December 27

20

20

20

20

20

December 28

20

20

20

20

20

December 29

20

20

20

20

20

December 30

20

20

20

20

20

December 31

20 _____

20 _____

20 _____

20 _____

20 _____

The beautiful images in this journal are 19th century vintage engravings

The cover is Nasturtiums (1905) by Odilon Redon, Original from the Yale University Art Gallery

Made in the USA
Middletown, DE
19 December 2019